Ideen *Blitz*

Ingrid Biermann
FrostTage
Kleine Aktionen für den Kita-Alltag

FREIBURG · BASEL · WIEN

Vorwort

Frosttage

Liebe Erzieherin, bitte machen Sie mit mir ein kleines Spiel. Lesen Sie jetzt einmal bewusst das Wort „Frost", schließen sie Ihre Augen, sagen Sie dieses Wort mehrmals und nehmen Sie einmal wahr, was Sie mit diesem Wort assoziieren. Spüren Sie vielleicht den Frost? Sehen Sie ihn sogar? Fühlen Sie sich wohl bei diesem Wort, frieren Sie und möchten Sie sich viel lieber einkuscheln oder entsteht in Ihnen die Vorfreude auf diese kalte, mit Frost, Eis und Schnee verbundene Jahreszeit?

Wir Erwachsenen verbinden dieses Wort oft mit negativen Vorstellungen. Kinder denken aber an ganz andere Dinge. Machen Sie doch einmal mit Ihren Kindern dieses kleine Spiel und Sie werden erstaunt sein, woran sie denken. Frost, Eis, Schnee und Kälte sind nun einmal die Begleiterscheinungen des Winters, genau wie Hitze, Dürre und Schwüle den Sommer kennzeichnen. Aber beide Jahreszeiten haben ihren besonderen Reiz. Ein Sommer ohne seine typischen Begleiterscheinungen macht uns nicht zufrieden, und auch ein Winter ohne Frost, Eis, Schnee und Kälte ist wie eine Suppe ohne Salz. Daher sollten wir uns – gemeinsam mit den Kindern – auf die kalte Jahreszeit, die so viel in sich birgt, Geheimnisse hat, Spannung und Neugierde erzeugt und unsere Sinne weckt, freuen und ihre Begleiterscheinungen annehmen, gemeinsam genießen und zu einem Erlebnis machen. Verbringen Sie einmal mit Ihren Kindern einen Morgen im Schnee, spüren Sie die Kälte, schmecken Sie den Frost, rutschen Sie über gefrorene Pfützen oder bauen Sie Schneegespenster. Erleben Sie hautnah diese herrliche Jahreszeit. Sie werden sehen, sie zeigt sich Ihnen und den Kindern von einer sehr schönen Seite. Ich möchte Sie motivieren, diese Begleiterscheinungen der kalten Jahreszeit zum Anlass zu nehmen und mit meinen, Ihren und den Ideen der Kinder erlebnisreiche Frosttage zu gestalten. Schließen Sie dann nach diesen gemeinsam erlebten Tagen noch einmal die Augen und sagen Sie sich noch einmal das Wort „Frost". Hat sich etwas verändert? Machen Sie am Ende dieser Tage auch mit den Kindern noch einmal dieses Spiel. Hat sich bei ihnen etwas verändert? Haben die Frosttage Spuren hinterlassen?

Begeben Sie sich mit Ihren Kindern für einige Tage gemeinsam aufs „Glatteis" und Sie werden feststellen, der Winter ist schön. Ich wünsche Ihnen und Ihren Kinder erlebnisreiche Frosttage.

Ingrid Biermann

Inhalt

Vorwort	2
Einstiegsgeschichte: König Klirr und seine seltsame Freundschaft	4
Mitmachgeschichte: Die Eisbären Bim und Bam	8
Stabfigurenspiel: Schneemann sucht Schneefrau	10
Fingerspiel: Schneeflocken	12
Klanggeschichte: Schnuckel sucht ein warmes Plätzchen	14
Lied: Hurra, heut Nacht hat es geschneit	16
Darstellungsspiel: Der Frost, er zieht durchs ganze Land	18
Natur- und Sachbegegnung: Experimente und Kreativität	20
Rategeschichte: Weiße Männer ganz aus Schnee	24
Reim: Der Bratapfel	26
Rezepte für frostige Tage	28
Fest: Ein frostiges Winterfest	30
Literatur	32

Einstiegs-geschichte

König Klirr und seine seltsame Freundschaft

Weit, ganz weit von hier, in einem Land, in dem es nur Eis, Schnee, Frost und klirrende Kälte gibt, lebt in einem Schloss aus Eis der König Klirr. Er ist schon uralt und sein weißer Bart und seine weißen Haare sind hart gefroren. Nicht nur das Schloss ist aus Eis, sondern auch die Schränke, die Stühle, die Tische, das königliche Bett und der Thron. Der königliche Mantel ist wie die Mäntel aller Könige aus wunderschönem rotem Samt. Doch auch er ist hart und kalt. Vor vielen Jahren hat sein Volk das Eisland verlassen, da es ihnen zu kalt war, und seitdem lebt der Eiskönig hier ganz allein. Nur Frosti, sein Hund, ist bei ihm geblieben. Auch sein Fell ist grau und steif gefroren. An manchen Tagen macht dem König das Alleinsein gar nichts aus. Dann spaziert er stundenlang über seine zugefrorenen Seen, hält sich in den Wäldern aus Eistannen auf oder fährt mit seinem großen Schlitten durch sein Eisland und bewundert seine eisige, versteinerte Landschaft. Aber es gibt auch Tage, da macht ihm das alles so ganz allein doch keinen Spaß. Dann sitzt König Klirr traurig auf seinem Thron aus Eis und denkt an die Zeit, als sein Volk noch um ihn herum war.

Eines Tages, als er mal wieder über seine zugefrorenen Seen spaziert, hört König Klirr plötzlich von weitem ein jämmerliches Klagen. Er bleibt stehen, schaut sich um und sieht plötzlich direkt vor seinen Füßen eine große Pfütze. Er bückt sich und spürt warmes Wasser. Von der Pfütze weg führt eine Wasserspur. Mit Schrecken sieht König Klirr, wie das Eis auf dem See anfängt zu schmelzen. „O je", denkt er, „hier ist etwas Schreckliches passiert." Er geht der Wasserspur nach und steht schon kurz darauf vor einem weinenden, kleinen, goldglänzenden Wesen. „Wer bist du und wo bin ich?", fragt es leise und erschrocken den König. „Um mich herum ist alles so schrecklich kalt." „Du bist im Eisland und ich bin König Klirr", antwortet er freundlich. „Und wer bist du?", fragt König Klirr das fremde Wesen. „Ich bin ein Sonnenstrahlenkind und habe mich verirrt", antwortet es weinend. König Klirr wird neugierig, setzt sich zu ihm und fragt. „Woher kommst du denn?" „Ich werde dir alles erzählen und auch erklären", sagt zitternd und mit weinerlicher Stimme das Sonnenstrahlenkind. „Aber bring mich bitte zuerst an einen warmen Ort. Hier erfriere ich." „Das geht nicht", antwortet König Klirr. „Hier im Eisland ist es überall kalt." Doch er nimmt das Sonnenstrahlenkind in seine Hand und geht mit ihm zu dem Eistannenwald.

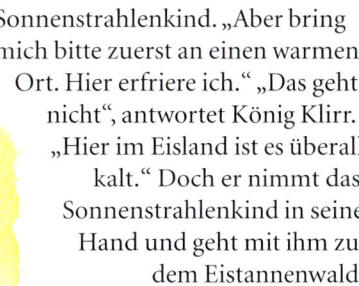

Ideen **Blitz**

**Einstiegs-
geschichte**

Dort setzt er sich unter eine Eistanne, die auf einer Eiswiese steht. Ganz aufgeregt beginnt das Sonnenstrahlenkind zu erzählen. „Ich wohne mit meiner Mutter, der Sonne, und mit vielen, vielen anderen Sonnenstrahlengeschwistern im wunderschönen Sonnenland. Dort ist es herrlich warm. Die Seen sind voll mit warmem Wasser und die Wiesen sind grün. Auf ihnen wachsen bunte Blumen und in den Wäldern stehen grüne Tannen. Mit Wolkenschiffen segeln wir vom frühen Morgen bis zum späten Abend am Himmel herum und verteilen dabei unsere Wärme. Darum ist es in unserem Sonnenland so warm, so bunt und so wunderschön." König Klirr hört während der ganzen Zeit mit geschlossenen Augen zu und kann sich das Sonnenland gut vorstellen. Er glaubt sogar, die Wärme zu spüren. Als er seine Augen öffnet und das Sonnenstrahlenkind anschaut, fragt er: „Und wie bist du nun hierher in mein Eisland gekommen?" „Das kam so", erzählt das Sonnenstrahlenkind weiter. „Als wir gestern wieder mit dem Wolkenschiff am Himmel umhergezogen sind, habe ich mich, da ich ein etwas neugieriges Sonnenstrahlenkind bin, etwas zu weit aus dem Schiff gelehnt und bin dann herausgefallen. Meine Geschwister und meine Mutter konnten mich nicht mehr festhalten. Ich bin so lange im Sturzflug nach unten gepurzelt, bis ich hier bei dir im Eisland gelandet bin. Ach, wenn es doch nur bei dir ein bisschen wärmer, ein bisschen grüner und ein bisschen bunter wäre, dann würde ich gerne bei dir bleiben, denn du bist sehr nett", sagt mit leiser Stimme das Sonnenstrahlenkind. Über diese Worte freut sich der Eiskönig. „Wenn das Sonnenstrahlenkind hier bleiben würde", denkt er, „dann wäre ich nicht mehr allein. Aber leider ist es ihm ja hier viel zu kalt." Gerade, als er das denkt, spürt er eine wohltuende Wärme in seiner Hand. Er schaut hin und stellt fest, dass seine Hand nicht mehr eisig gefroren, sondern weich und warm ist. Aber nicht nur das. Um ihn herum, dort wo die warmen Strahlen des Sonnenstrahlenkindes hingelangt sind, ist die Erde weich, die Wiese grün, sogar die Eistannen sind grün und es stehen bunte Blumen auf der Wiese. Der König staunt und sagt: „Es ist hier jetzt genau so, wie du es mir beschrieben hast." Auf einmal hat er eine Idee und sagt: „Vielleicht ist dieses Stückchen Erde in meinem Eisland ja genau richtig für dich. Wenn du willst, kannst du hier wohnen. Mein Eisland dort drüben ist noch längst groß genug für mich." Das Sonnenstrahlenkind strahlt mit einem Male noch viel wärmer und macht den langen Bart des Königs sogar weich. „Ich möchte gerne bei dir bleiben", sagt es, „dann gibt es in deinem Eisland ein ganz kleines Sonnenland und wir können uns jeden Tag genau hier an der Grenze treffen. Ich erzähle dir dann noch viel mehr über das Sonnenland." „Und ich dir von meinem Eisland", sagt der König. Die beiden beschließen Freunde zu werden. „Doch jetzt muss ich gehen, sonst schmelze ich noch ganz", sagt König Klirr lächelnd. Bevor er geht, schenkt das Sonnenstrahlenkind ihm eine kleine, bunte Blume. Der König nimmt sie in seine Hand und geht. Unterwegs schaut er sich noch ganz oft um. Je tiefer König Klirr wieder in sein Eisland kommt, umso kälter wird es. Im Nu ist sein Bart wieder gefroren und seine Hand eiskalt. Als er an seinem Schloss ankommt, steht wie immer Frosti vor dem Tor. Gemeinsam gehen sie ins Schloss. An diesem Abend sitzt König Klirr noch lange mit Frosti zusammen und erzählt ihm von seiner Begegnung mit dem Sonnenstrahlenkind. Als er seine Hand öffnet und Frosti die Blume zeigen will, traut er seinen Augen nicht. Er hat eine Eisblume in der Hand. König Klirr lächelt, sagt aber nichts. Müde, doch sehr glücklich legt er sich schlafen, und von nun an gibt es in seinem großen Eisland noch ein ganz kleines Sonnenland und eine ganz besondere Freundschaft.

Kreativer Abschluss:

Jedes Kind bekommt ein vorbereitetes Papiertaschentuch, das zu einer Ziehharmonika zusammengefaltet und in der Mitte mit Nähgarn fest zusammengebunden wurde. Vorsichtig können die Kinder nun die einzelnen Schichten des Taschentuches hochziehen und es entsteht eine Eisblume.

Mitmach-
geschichte

Die Eisbären Bim und Bam

Zum Einstieg stellt die Erzieherin das folgende Rätsel:

Sein Fell ist dick und ganz schneeweiß,
in seinem Land, da gibt's nur Eis.
Dort tapst er durch den tiefen Schnee,
gefroren ist hier jeder See.
Er frisst Fische jeden Tag,
weil er sie so gerne mag.
Sag mir ganz schnell, wenn du es weißt,
wie dieses große Tier wohl heißt.

Wenn die Kinder „Eisbär" erraten haben, liest die Erzieherin die folgende Geschichte vor. Danach werden die Kinder in zwei Gruppen aufgeteilt. Die eine Gruppe spielt den Eisbären Bim und die andere den Eisbären Bam. Kommt in der Geschichte das Wort Bim vor, dann stampfen die Kinder mit ihren Füßen auf den Boden (oder stehen auf). Wenn das Wort Bam kommt, dann stampft die andere Gruppe auf den Boden (oder steht auf).

In einem Zoo leben schon seit vielen Jahren zwei alte, dicke und sehr bequeme Eisbären. Sie heißen Bim und Bam. Dort, wo die zwei früher lebten, ist immer Winter. Doch hier, wo sie jetzt leben, ist es mal warm und mal kalt. Immer wenn die Sonne sie ärgert und ihr weißes Fell ganz warm macht, sind Bim und Bam sehr schlecht gelaunt und unendlich faul. Tagelang verkriechen sie sich in ihrer Bärenhöhle und lassen sich nicht blicken. Doch sobald der Frost mit Eis, Schnee und Kälte Einzug hält, sind Bim und Bam wie verwandelt. Sie tollen vergnügt in ihrem Gehege herum, klettern, balancieren und benehmen sich wie zwei ganz junge Eisbärenkinder. Mit festem Schritt tapsen sie durch den frischen Schnee, und wenn der eiskalte Wind durch ihr weißes Fell weht, fühlen Bam und Bim sich pudelwohl und kullern so lange im

Schnee herum, bis ihr Fell pitschnass ist. Dann stellen sie sich hin, machen sich groß und schütteln sich so lange, bis ihr Fell wieder trocken ist. Bim und Bam genießen jeden eiskalten Tag. Wenn der Frost den kleinen See in ihrem Gehege zugefroren hat, sind sie nicht mehr zu halten, und sie rutschen stundenlang auf dem See herum. Leicht wie eine Feder gleiten Bam und Bim mit ihrem ganzen Körper über das Eis. Weil sie sich dabei so wohl fühlen, brummen sie so laut vor sich hin, dass es im ganzen Zoo zu hören ist. Oft kommen Bim und Bam den Tag über nicht zur Ruhe, so sehr sind sie damit beschäftigt, die kalten Tage mit lustigen Spielen zu verbringen. Erst wenn es stockdunkel ist, gehen Bam und Bim in ihre Höhle. Aber auch dort können sie oft nicht schlafen. Sie liegen am Höhleneingang, strecken ihre Schnauzen nach draußen und schauen noch so lange den Schneeflocken zu, bis ihre Augen von alleine zufallen.

Körperspiel: Die Kinder setzen oder stellen sich paarweise zusammen. Ein Kind spielt bei dem anderen Kind die Geschichte mit den Händen oder zwei Tennisbällen gefühlvoll auf dem Rücken nach.

Klangspiel: Diese Geschichte kann mit klirrenden Gegenständen, wie z. B. Löffel, Alufolie oder Blechdosen, verklanglicht werden.

Stabfiguren-spiel

Schneemann sucht Schneefrau

Material: weißes, gelbes, schwarzes, rotes, grünes und braunes Tonpapier, Scheren, Klebstoff, Buntstifte, ein Seil, ein Betttuch, Wäscheklammern, ein Rekorder mit leichter Tanzmusik, eine Lampe, dünne Bambusstäbe (ca. 30 cm lang), Klebefilm, weißes Krepppapier

Einstieg: Das Material liegt griffbereit und die Erzieherin malt auf den Rücken eines Kindes einen Schneemann. Das Kind versucht, das Motiv zu erraten und die Lösung zu sagen. Danach kann jedes Kind bei einem Partner versuchen, einen Schneemann auf den Rücken zu malen. Nun erzählt die Erzieherin die Schneemanngeschichte.

Eis und Schnee kommen ganz leise,
der Winter, der macht seine Reise.
Am nächsten Morgen, ach wie schön,
kann man einen Schneemann sehn.
Festgefroren und allein
schaut er in die Welt hinein.
Muss immer nur im Garten stehn,
kann keinen Schritt nach vorne gehn.
Ja, er weiß es ganz genau,
er braucht dringend eine Frau.

Eines Morgens um halb acht,
als der Schneemann aufgewacht,
ist er nicht mehr ganz allein,
sie stehen in dem Schnee zu zwei'n.
Eine Schneefrau schaut ihn dann
lächelnd und ganz freundlich an.
Festgefroren und zu zwei'n,
schau'n sie in die Welt hinein.
Der Schneemann weiß es nun genau,
endlich hat er eine Frau.

Pause mit Musik.

Abschluss:

Froh gelaunt kann man nun sehn,
Schneefrau und -mann im Garten stehn.
Am Tag, da schauen sie in Ruh
den Kindern gern beim Spielen zu.
Doch nachts tanzen im Mondenschein
Schneemann und -frau dann ganz allein.

Endlich wird ein Märchen wahr,
Schneefrau und -mann sind jetzt ein Paar.
Und nach Tagen kann man sehn,
Schneekinder in dem Garten stehn.

Nun wissen beide es genau,
sie sind nicht nur Mann und Frau,
sie haben Kinder, groß und klein,
sie sind jetzt nicht mehr ganz allein.
Den langen Winter stehn sie hier,
zusammen, ja, da sind es vier.
Kommt dann die Sonne, ach, o Schreck,
taut die Familie sehr schnell weg.
Doch bestimmt im nächsten Jahr
sind Frau und Mann dann wieder da.

Die Erzieherin bastelt mit den Kindern zwei große und zwei kleine Schneemänner aus Papier, die jeweils an einem Bambusstab befestigt werden. Sie stellen in der Geschichte Schneefrau, Schneemann und die beiden Schneekinder dar. Aus buntem Papier werden die Sonne und die zwei spielenden Kinder gebastelt und auch an einem Stab befestigt. Aus weißem Krepppapier formen die Kinder zum Schluss kleine Schneekugeln. Die Erzieherin spannt das Seil, befestigt mit den Wäscheklammern das Tuch, stellt die Lampe auf und den Rekorder mit der Tanzmusik bereit. Nun wird das Stück eingeübt und in wechselnder Besetzung den restlichen Kindern aus der Gruppe noch einmal vorgespielt.

Ideen *Blitz*

Fingerspiel

Schneeflocken

Finger zeigen.

Kommt und seht euch einmal an,
was aus den Fingern werden kann.

Mit den Fingern in der Luft zappeln.

Als Schneeflocken treiben sie hin und her,
das Tanzen ist für sie nicht schwer.

Hände auf die Oberschenkel legen.

Decken die grüne Erde zu
und alles legt sich nun zur Ruh.

Mit beiden Händen eine geschlossene Schale bilden.

Die Blumen liegen da und träumen
von Sonne und ganz grünen Bäumen.

Mittel- und Ringfinger auf den Daumen legen, den Zeige- und kleinen Finger hoch halten.

Das Kaninchen ruht im Bau,
der Winter, der ist kalt und rau.

Mit den Armen Flugbewegungen machen.

Die Vögel, die sind alle fort,
sie sind an einem warmen Ort.

Eine Hand locker auf den Oberschenkel legen und die Finger der anderen Hand krabbeln unter die Hand.

Die Käfer krabbeln unters Blatt,
sind von der Kälte ganz schön matt.

Mit den Händen eine Sonne in die Luft malen.	Die Erde ruht, doch dann, o Schreck, schmilzt in der Sonne alles weg.
Mit den Fingern fließende Bewegungen machen.	Das Wasser fließt in einen Fluss, mit der Kälte ist jetzt Schluss.
Hinweis:	Dieses Fingerspiel kann auch als Körperspiel umgesetzt werden. Die Kinder werden dazu in Zweiergruppen eingeteilt und ein Kind führt mit den Fingern auf dem Rücken des anderen Kindes die Bewegungen aus.

Klang-
geschichte

Schnuckel sucht ein warmes Plätzchen

Vorbereitung:

Mit den Kindern wird ein Spaziergang durch den ganzen Kindergarten gemacht. Dabei sollen sie Dinge sammeln, mit denen Geräusche erzeugt werden können: Topfdeckel, Löffel, Steine, Holzlöffel, Pergamentpapier, Alufolie, Dosen, Kronkorken usw. Ihrer Fantasie sind dabei keine Grenzen gesetzt. Die Sachen werden in einen großen Korb gelegt und mit in den Kreis genommen.

Material:

Schuhkarton, Stoffkatze, Tuch, das gesammelte Klangmaterial in einem großen Korb

Einstieg:

Die Kinder versammeln sich im Kreis. In der Kreismitte steht ein Schuhkarton, in dem eine Stoffkatze liegt. Der Karton ist mit einem Tuch oder Schal zugedeckt. Nachdem die Kinder den Kartoninhalt erfühlt haben und diese Katze als „Schnuckel" vorgestellt wurde, erzählt die Erzieherin die folgende Geschichte.

Schnuckel, eine liebenswerte, kleine Katze, mag es, den lieben langen Tag herumzustrolchen, denn dabei kann sie aufregende Dinge erleben.
Schon sehr früh morgens schleicht sie über Wiesen und Felder, flitzt dabei hin und wieder einer Maus nach, klettert wie ein Blitz die Bäume hinauf, balanciert über Zäune und Mauern oder macht mit anderen Katzen auf der Wiese einen Wettlauf. Manchmal liegt sie aber auch stundenlang still an einem ihrer Lieblingsplätze und schläft.
Schnuckel lebt bei einer sehr netten Familie, die gut für sie sorgt. Sie ist eine richtige Freilandkatze. Draußen hat sie viele versteckte Kuschelplätze, ist aber immer auf der Suche nach neuen Stellen, an denen sie träumen, die Gegend beobachten oder schlafen kann. Mal liegt sie unter der großen Birke und lauscht dem Gesang der Blätter, dann wieder versteckt sie sich im hohen Gras und hört dort den Gräsern zu oder sie liegt an einem kleinen Bach, der leise plätschert und Schnuckel viel erzählt.

Doch sobald es frostig wird, wenn kalte Winde über die Wiese fegen, wenn es draußen vor Kälte knackt und knistert und die ersten Schneeflocken das Grün der Wiesen zudecken, spätestens dann weiß Schnuckel, dass sie jetzt ein warmes Plätzchen braucht, wo sie den Winter verbringen kann. Das weiß auch die nette Familie, und wie jedes Jahr holt sie Schnuckel ins Haus. Dort haben sie ihr schon aus einem alten Karton und einer weichen Decke ein warmes Plätzchen gebaut. Schnuckel liegt hier den ganzen Tag, putzt sich, und wenn sie mal nicht schläft, dann schaut sie aus dem Fenster. Neugierig beobachtet sie die hin und her tanzenden Schneeflocken oder sieht, wie der Wind über die schneebedeckte Wiese fegt. Dann ist sie glücklich, so ein kuscheliges Plätzchen zu haben. Sehr zufrieden verbringt Schnuckel mit der Familie den kalten Winter im Haus. Gemeinsam sitzen sie Abend für Abend vor dem Kamin und beobachten das knisternde, knackende Kaminfeuer. „So lässt es sich aushalten", denkt Schnuckel und schließt zufrieden ihre Augen.

Abschluss: Die Kinder können über ihre Lieblingsplätze berichten. Danach wird der Korb mit den Geräuschematerialien in die Mitte gestellt. Nach einer Experimentierphase werden die Instrumente zugeordnet und die Geschichte wird verklanglicht.

Lied

Hurra, heut Nacht hat es geschneit

Melodie: Jörg Schnieder
Text: Ingrid Biermann

Refrain: Hurra, heut Nacht hat es geschneit …

Die Pfützen frieren nun zu Eis,
die ganze Welt ist kalt und weiß
und überall, wohin ich seh,
liegt eine Schicht aus Pulverschnee.

Refrain: Hurra, heut Nacht hat es geschneit …

Ja, Schlittschuh fahren, Schneemann bauen
und sich nun auf das Eis mal trauen.
Denn so ein Winter macht viel Spaß,
vom Schlittenfahrn bin ich pitschnass.

Refrain: Hurra, heut Nacht hat es geschneit …

Darstellungsspiel

Der Frost, er zieht durchs ganze Land

Hinweis:

Jedes Kind bekommt ein Stück Alufolie in die Hand und kann zunächst leise die Geschichte damit begleiten. Die Alufolie wird für das anschließende Darstellungsspiel benötigt.

Der Frost, er zieht durchs ganze Land,
was er berührt mit seiner Hand,
das erfriert, wird schnell zu Eis,
verliert die Farbe und wird weiß,
erstarrt, rührt sich nicht mehr vom Fleck,
der Frost pustet die Wärme weg.

Der Frost, er bringt viel Not den Tieren,
die bei der Futtersuche frieren.
Andere schlafen fest im Haus
und gehen gar nicht mehr hinaus.
Sie träumen von dem Sonnenschein,
auf den sie sich schon wieder freun.

Der Frost, er klopft an alle Türen,
er lässt auch die Menschen frieren.
Sie gehen jetzt nicht aus dem Haus,
sie ruhn sich vor dem Ofen aus.
Sie träumen von dem Sonnenschein,
lassen den Frost gar nicht herein.

Die Tage kommen und sie gehen,
den kalten Frost, den kann man sehen.
Auf Bäumen, Brücken ist es weiß,
die Pfützen tragen dickes Eis.
Doch eines Tages, du wirst sehen,
muss auch der Frost dann wieder gehen.

Freu dich jetzt über Schnee und Eis,
freu dich, wenn unsere Welt ist weiß,
dann kannst du kuscheln und auch träumen
von Wärme und ganz grünen Bäumen.
Kommt dann die Sonne, Stund um Stund,
wird unsere Welt auch wieder bunt.

Der Frost geht um

Bei diesem Darstellungsspiel spielt ein Kind den Frost. Es wird mit Alufolie verkleidet. Einige Kinder stellen Blumen, Bäume, Häuser, die Tiere, die Menschen dar. Ein großer Karton dient als Ofen. Auf dem Fußboden liegen Pfützen aus Alufolie. Der Frost geht entsprechend dem Text umher und legt auf alles ein Stück Alufolie. Ein Kind spielt die Sonne. Es wird mit gelbem Krepppapier geschmückt und bekommt bunte Stoffstücke. Diese werden in der letzen Strophe gegen die Alufolie ausgetauscht.

Hinweis:
Alufolie ist mehrmals verwendbar und recyclebar.

Natur- und Sachbegegnung

Experimente und Kreativität

Material: pro Kind ein Glas, ein Papiertaschentuch und ein Eiswürfel

Einstieg: Alle sitzen im Kreis oder Halbkreis, die Erzieherin in der Mitte. Die Papiertaschentücher und Gläser stehen bereit, die Kinder können die Eiswürfel nicht sehen.
Die Erzieherin befragt die Kinder, welche Jahreszeit sie nicht mögen und weshalb. Danach geben sie Auskunft über ihre Lieblingsjahreszeit. Sie berichten, was sie an dieser Jahreszeit am schönsten finden und dann am liebsten machen.
Im Anschluss daran erzählt die Erzieherin die Geschichte von Ferdinand Frost als Hinführung zu den danach folgenden Spielen und Experimenten.

So wie euch allen geht es auch Ferdinand Frost. Auch er hat seine Jahreszeit, die er gar nicht mag. Es ist der Sommer. Da ist es ihm viel zu heiß. Ferdinand hält sich in dieser Jahreszeit nur ganz selten draußen auf, denn bei allem, was er macht, muss er fürchterlich schwitzen. Er wartet dann sehnsüchtig auf seine Lieblingsjahreszeit, die ihr jetzt erraten sollt.

Die Erzieherin gibt jedem Kind ein Papiertaschentuch. Dieses breiten sie auf ihrem Schoß aus. Die Erzieherin fordert sie auf, mit ihrer Hand eine Schale zu bilden und die Augen zu schließen. Nun legt sie jedem Kind einen Eiswürfel in die Hand.

Fühlt einmal und erratet nun Ferdinands Lieblingsjahreszeit. Wenn ihr sie wisst, dann öffnet die Augen, aber sagt noch nichts. Erst wenn alle Kinder die Augen geöffnet haben, rufen wir gemeinsam den Namen der Jahreszeit.

Jedes Kind bekommt ein Trinkglas. Die Kinder behalten den Eiswürfel, so lange sie können, in der Hand. Das Schmelzwasser wird vom Taschentuch aufgefangen. Wird ihnen die Hand zu kalt, legen sie den Eiswürfel in das Glas.

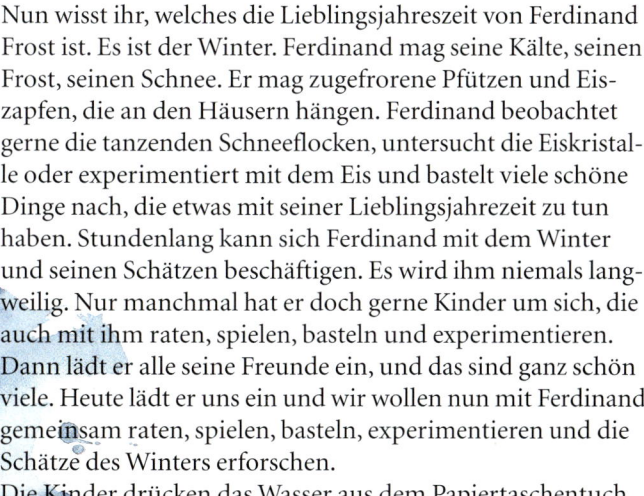

Nun wisst ihr, welches die Lieblingsjahreszeit von Ferdinand Frost ist. Es ist der Winter. Ferdinand mag seine Kälte, seinen Frost, seinen Schnee. Er mag zugefrorene Pfützen und Eiszapfen, die an den Häusern hängen. Ferdinand beobachtet gerne die tanzenden Schneeflocken, untersucht die Eiskristalle oder experimentiert mit dem Eis und bastelt viele schöne Dinge nach, die etwas mit seiner Lieblingsjahreszeit zu tun haben. Stundenlang kann sich Ferdinand mit dem Winter und seinen Schätzen beschäftigen. Es wird ihm niemals langweilig. Nur manchmal hat er doch gerne Kinder um sich, die auch mit ihm raten, spielen, basteln und experimentieren. Dann lädt er alle seine Freunde ein, und das sind ganz schön viele. Heute lädt er uns ein und wir wollen nun mit Ferdinand gemeinsam raten, spielen, basteln, experimentieren und die Schätze des Winters erforschen.

Die Kinder drücken das Wasser aus dem Papiertaschentuch in das Glas und betrachten gemeinsam, wie klein die Eiswürfel bereits geworden sind.

Experimente und Fragen

Die Erzieherin legt in die Kreismitte viele weiße Eiskristalle, die sie aus Papier geschnitten hat. Auf der Rückseite dieser Kristalle stehen Aufgaben, Experimente oder Anleitungen, die von den Kindern allein oder gemeinsam umgesetzt werden sollen. Grundlegende Fragen über Eis und Schnee werden gemeinsam mit der Erzieherin erarbeitet.

Warum schneit es?

Wolken enthalten nicht nur Wasserdampf, sondern auch kleine Staub- und Eisteilchen. Wenn es sehr kalt ist, friert der Wasserdampf, der diese Teilchen umgibt, an ihnen fest. Dadurch werden sie schwer und beginnen zu fallen. Wenn auf dem Weg zur Erde die Luft warm ist, schmelzen die Eisteilchen zu Wasser und gehen in Regen über. Ist die Luft kalt, fallen sie als Schnee zur Erde.

Warum sieht Schnee weiß aus?

Der Schnee wirft das Licht, das ihn trifft, in alle Richtungen gleichmäßig zurück. Darum sieht der Schnee weiß aus.
Leg ein weißes und ein schwarzes Blatt ins Sonnenlicht.
Das weiße Blatt wirft sein Licht zurück. Es blendet.
Bei dem schwarzen Blatt ist das nicht so, es „verschluckt" das Licht.

Natur- und Sachbegegnung

Material:

Durchführung:

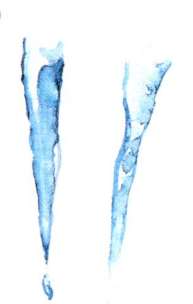

Wie sehen Schneeflocken aus?
Schneeflocken setzen sich aus wunderschönen, kleinen Eisteilchen zusammen, die Eiskristalle genannt werden. Es gibt viele verschiedene Formen bei diesen Kristallen. Welche Form so ein Kristall hat, hängt davon ab, wie kalt oder wie feucht die Luft ist, in der er sich gebildet hat. Wenn es kalt ist, sind die Schneeflocken (und die Kristalle, aus denen sie gebildet sind) meistens klein, wenn es wärmer ist, beginnen sie zu schmelzen, verkleben mit anderen Flocken und verlieren ihre schöne Form.

Kristalle unter der Lupe
Du benötigst ein schwarzes Stück Pappe. Wenn es schneit, legst du dieses Stück Pappe ins Freie. Dann ziehst du bitte Handschuhe an und besorgst dir ein kaltes Vergrößerungsglas. Betrachte nun durch das Vergrößerungsglas die auf das Papier fallenden Schneeflocken. Die Handschuhe benötigst du, damit die Schneeflocken nicht warm werden und schmelzen, wenn du ganz nah herangehst. Deswegen sollte auch das Vergrößerungsglas kalt sein.

Eiskristalle aus Papier
einige verschieden große Kreisschablonen aus Pappe, für jedes Kind ein weißes Malblatt, ein Bleistift und eine Schere
Die Kinder bekommen ein weißes Blatt, eine Schere und einen Bleistift. Da es sehr schwer ist, frei Hand einen Kreis zu malen, bekommen sie Kreisschablonen in verschiedenen Größen. Die Schablonen werden aufs Blatt gelegt, mit dem Bleistift werden die Kreise gezogen und dann ausgeschnitten. Nun werden die Kreise zuerst zu einem Halbkreis, dann zu einem Viertelkreis und noch einmal zu einem Achtelkreis gefaltet. Mit einem Bleistift werden an allen Seiten Zacken aufgemalt und mit der Schere herausgeschnitten. Öffnet man den Kreis wieder, so entstehen wunderbare Eiskristalle aus Papier.

Wie entstehen Eiszapfen?
Im Haus ist es warm. Diese Wärme dringt bis ins Dach, auf dem Schnee liegt. Die unterste Schneeschicht schmilzt. Das Schmelzwasser gefriert durch die kalte Luft, und aus den Tropfen werden kleine Zapfen. Immer mehr Schmelzwasser fließt an den Zapfen herunter und gefriert wieder am Ende des Zapfens zu Eis. Daher werden die Eiszapfen immer länger und dicker.

Wasser und Eis

Material: Eiswürfel, Filzstifte, für jedes Kind ein Glas

An kalten Tagen frieren Pfützen, Teiche, Seen und manchmal sogar Flüsse zu. Wasser verwandelt sich dann zu Eis. Wenn es wärmer wird, schmilzt es wieder zu Wasser.

Durchführung: Jedes Kind bekommt für das folgende Experiment ein Glas. Dieses füllt es nach Belieben mit Eiswürfeln. Außen an das Glas zeichnet es mit Filzstift einen Strich auf, der anzeigen soll, wie viel Wasser sich beim Schmelzen aus dem Eis bilden könnte. Dann werden die Gläser ins Warme gestellt. Nach einigen Stunden, wenn das Eis geschmolzen ist, können die Kinder selbst feststellen, wie gut sie geschätzt haben.

Bunte Eisgemälde

Material: Wasserfarbe, leere Jogurtbecher, Förmchen, verschieden große Deckel von Gläsern und Flaschen, Glitzersterne, Perlen, Muscheln, schöne Fäden oder Schnüre, Nähgarn

Durchführung: In die Becher wird Wasser gefüllt und mit Wasserfarbe gefärbt. Das farbige Wasser wird dann in Förmchen und Deckel gegossen. Wer möchte, kann noch einen Schatz dazulegen, z. B. schöne Fäden oder Schnüre, eine Muschel, Perlen oder Glitzersterne. Zum Schluss wird das Ende eines längeren Stücks Nähgarn hineingelegt, bevor die Gefäße ins Eisfach zum Gefrieren kommen. Am nächsten Tag werden die Förmchen kurz in handwarmes Wasser getaucht, die Eisgemälde lösen sich heraus. An dem langen Stück Nähgarn können sie draußen an einen Baum oder Strauch festgebunden und je nach Wetterlage mehrere Tage betrachtet werden. Jedes Kind kann beobachten, was nun aus seinem Kunstgebilde wird, bis zum Schluss nur noch das Nähgarn am Baum hängt.

Trick: Wenn Eiswürfel mit Salz bestreut werden, dann kleben sie zusammen.

Lochtaler aus Eis

Material: für jedes Kind ein Strohhalm und ein Kunststoffteller

Durchführung: Fülle den Teller mit so viel klarem oder bunt gefärbtem Wasser, dass der Boden gut bedeckt ist, und stelle ihn ins Eisfach. Das Wasser gefriert im Eisschrank zu einer dünnen Eisplatte, die du mit etwas warmem Wasser aus dem Teller löst. Nun kannst du mit einem Strohhalm und deinem warmen Atem Löcher in die Eisscheibe pusten. Vorsicht!
Die Eisscheiben sind leicht zerbrechlich.

Rate-geschichte

Weiße Männer ganz aus Schnee

Material:	für jedes Kind ein Stück schwarze Pappe, einen weißen und bunte Malstifte
Einstieg:	Die Erzieherin legt ein schwarzes Blatt in die Mitte, trägt den Ratevers vor und malt dabei den Schneemann.

Liegt vor dem Haus viel Eis und Schnee,
dann trink ich gern Kakao und Tee.
Ich hülle mich in Decken ein
und schau ins Feuer gern hinein.

*Nun wird dem Text entsprechend gemalt.
Zwei große Kreise malen.
Darauf je einen kleinen Kreis malen.*

Doch seh ich dann mal aus dem Fenster,
entdeck ich viele Schneegespenster.
Die haben einen dicken Bauch,
einen Kopf haben sie auch.

Die Kreise weiß ausmalen.

Beine, nein, die seh ich nicht,
weiß sind der Bauch und das Gesicht.
Sie stehen stumm, sind steif gefroren
und ich seh gar keine Ohren.

Was sind das doch für selt'ne Dinger
so ohne Arme und auch Finger?
Sie haben Nase, einen Mund,

In die kleinen Kreise einen lachenden Mund und eine Nase malen. Dazu die Augen malen.

die Augen, sie sind groß und rund.

Mit einem frohen, stummen Lachen,
wollen sie das Haus bewachen.

Kreise auf den Bauch malen. Jedem Schneemann einen Hut malen.

Knöpfe schmücken ihren Bauch,
einen Hut tragen sie auch.

Im Winter kann man sie dann sehn
in ganz vielen Gärten stehn.
Sag mir schnell, wenn du es weißt,
wie dieses Schneegespenst wohl heißt.

Auswertung: Jedes Kind bekommt Pappe und Stifte und malt, während die Erzieherin den Vers noch einmal vorträgt, die Schneegespenster bzw. die Schneemänner. Die dabei entstandenen Bilder können als Raumdekoration verwendet werden.

Reim

Der Bratapfel

Material: ein großer Apfel, Rosinen, Mandeln, Marmelade, ein Gemisch aus Zucker und Zimt, Butter, Vanilleeis, ein Apfelausstecher, Alufolie, eine Augenbinde, für jedes Kind ein kleiner Apfel, ein Löffel

Einstieg: Die Kinder können zunächst die Zutaten wie den Apfel, Rosinen, Mandeln, Zucker und Zimt, Marmelade mit geschlossenen Augen (alternativ Augenbinde) probieren und erraten.
Die Erzieherin bereitet vor den Augen der Kinder den großen Bratapfel zu. Sie entfernt das Kerngehäuse und füllt ihn mit einer Mischung aus Rosinen, Mandeln, Marmelade, Zucker und Zimt. Zum Schluss gibt sie ein Butterflöckchen auf den Apfel, wickelt ihn in Folie ein und schiebt ihn in den vorgeheizten Ofen (150 °C). Während der Bratapfel im Ofen gart, trägt sie folgenden Vers vor.

Mutter macht den Ofen an,
damit darin was brutzeln kann.
Äpfel will sie darin braten,
darauf schon lang die Kinder warten.

Rosinen, Mandeln und auch Butter,
vielleicht noch eine Prise Zucker
und im Nu ist auf dem Tisch,
der Bratapfel ganz warm und frisch.

Mit Soße und Vanilleeis
isst man den Apfel dann noch heiß.
Zum Winterschmaus für Jung und Alt
wird dieser Apfel schon sehr bald.

Mit ihm vergisst man Frost und Schnee,
mit ihm träumt man vom grünen Klee,
ruckzuck hat man ihn aufgegessen,
den Winter hat man ganz vergessen.

Nachdem der Apfel aus dem Ofen genommen, aufgeteilt und gemeinsam verzehrt wurde, leitet die Erzieherin zum zweiten Teil der Aktion mit dem folgenden Vers über.

Der Teller ist jetzt leider leer,
ich habe nichts vom Apfel mehr.
Nun gibt's für jeden, das ist klar,
einen Apfel, wunderbar.

Abschluss: Jedes Kind kann nun mit Hilfe der Erzieherin einen Bratapfel zubereiten. Dabei wird der Reim häufiger wiederholt, sodass er am Schluss bestimmt schon von einigen Kindern mitgesprochen werden kann. Abschließend werden die fertigen Bratäpfel mit etwas Vanilleeis gemeinsam verzehrt.

Rezepte für frostige Tage

Kinderpunsch

Zutaten: 2 l Obstsaft (Apfelsaft mit Holundersaft oder andere Säfte), Honig, Zimt, Zitronensaft, gemahlene Nelken – alles nach Geschmack

Zubereitung: Den Saft in einen Kochtopf gießen, langsam erhitzen, aber nicht kochen lassen. Die Gewürze vorsichtig dazugeben, zum Schluss den Zitronensaft, gut umrühren und mit etwas Honig süßen.

Schneemänner

Zutaten für 10 Stück: 2 Eier, 250 g Mehl, 150 g weiche Butter, 70 g + 450 g + 1 bis 2 EL Puderzucker, 1 Päckchen Vanillinzucker, 1 Prise Salz, Mehl für die Hände, 10 Lakritzschnecken, 10 Dominosteine, 10 braune Butterkekse, je 5 grüne und rote Fruchtgummi-Schnüre, braune und rote Zuckerschrift, Backpapier, Klarsichtfolie

Zubereitung:
1. Eier trennen und Mehl, Butter, Eigelb, 70 g Puderzucker, Vanillinzucker und Salz in eine Rührschüssel geben und mit den Knethaken des Handrührgerätes zu einem glatten Teig verarbeiten. Den Teig in Klarsichtfolie wickeln und etwa 1 Stunde in den Kühlschrank legen. Dann den Backofen vorheizen (200 °C / Umluft: 175 °C / Gas: Stufe 3) und ein Backblech mit Backpapier auslegen.
2. Den Teig aus dem Kühlschrank nehmen, mit bemehlten Händen 30 kleine Kugeln formen und auf dem Backblech etwas flachdrücken und im Ofen 10 bis 15 Minuten ausbacken. Während die Halbkugeln auskühlen, das Eiweiß mit 1 bis 2 EL Wasser steif schlagen und zum Schluss 450 g Puderzucker einrieseln lassen. Die halbkugelförmigen Plätzchen mit einer Gabel einzeln in diesen Zuckerguss tauchen, abtropfen und auf einem Kuchengitter trocknen lassen.

3. Für den Hut etwas Zuckerguss auf die Mitte einer Lakritzschnecke geben und einen Dominostein darauf setzen.
4. Mit Zuckerguss 20 halbrunde Plätzchen paarweise mit der flachen Seite aufeinander kleben und diese doppelten Plätzchen als Körper des Schneemanns auf je einem Butterkeks ebenfalls mit Zuckerguss befestigen.
5. Auf der gewölbten Seite der restlichen 10 Plätzchen den Lakritzschnecken-Hut mit Guss befestigen, als Kopf auf den Körper kleben und trocknen lassen.
6. Das Fruchtgummi als Schal um den Hals binden und die Enden abschneiden, mit Zuckerschrift Augen, Mund und Nase auf die Schneemänner malen und sie mit Puderzucker bestäuben.

Schneekuchen

Zutaten für den Teig: 250 g Butter, 250 g Zucker, 1 Päckchen Vanillezucker, 6 Eier, 50 g Mehl, 50 g Speisestärke, ½ Päckchen Backpulver, 50 g abgezogene, gemahlene Mandeln, 150 g Kokosraspel, 3 Esslöffel Milch

Zutaten für die Dekoration: 4 Esslöffel Aprikosenmarmelade, Kokosraspeln

Zubereitung: Alle Teigzutaten werden zu einem Rührteig verarbeitet. Dieser wird in eine gefettete, mit Semmelbrösel ausgestreute Springform gefüllt und im vorgeheizten Backofen bei 180 °C etwa 45 Minuten gebacken. Danach den Kuchen auf einem Gitter etwas auskühlen lassen. Mit der erwärmten und durch ein Sieb gestrichenen Marmelade den Kuchen überziehen und die Kokosraspeln darüber streuen.

Ideen **Blitz**

Fest

Ein frostiges Winterfest

Ein Winterfest draußen im Schnee ist zwar eine kalte, aber auch ganz besondere Veranstaltung, deren Spuren noch mehrere Tage zu sehen sind und in den Kindern die Erinnerung an dieses Fest immer wieder neu aufleben lässt. Bei winterlichen Temperaturen kommt es natürlich auch sehr stark auf die richtige Kleidung an, damit es sich draußen ausgelassen spielen und feiern lässt. Ansonsten brauchen Sie nicht viel mehr als Kälte, Schnee und Eis, um dieses Fest durchführen zu können und zu einem vollen Erfolg werden zu lassen. Der Spielplatz bietet viele Möglichkeiten, um ein Schneefest zu veranstalten, und auch die nähere und weitere Umgebung kann in die Spielplanung mit einbezogen werden. Neben den bisher in diesem Heft vorgeschlagenen Liedern, Darstellungsspielen, Experimenten usw. sollten natürlich auch Schneespiele auf dem Programm stehen. Die folgenden Vorschläge können dazu beitragen, dass das Schneefest zu einem Winterspaß für Jung und Alt wird.

Auf der Suche nach den Schneehasen

Teilnehmer werden in zwei Gruppen geteilt. Eine Gruppe, Kinder und Erwachsene gemischt, sind die Schneehasen. Sie bekommen Hasenohren aus weißer Pappe und gehen mit kleinen Eimern, in denen flüssige Finger- oder Wasserfarbe ist, durch das Dorf oder das Wohnviertel. Sie haben einen Pinsel dabei, mit dem sie im Schnee bunte Farbtupferspuren hinterlassen. Die andere Gruppe, es sind die Jäger, die einen einfachen Papierhut tragen, müssen die Schneehasen suchen. Unterwegs können Stationen gemacht werden, an denen ein Schneelied gesungen, ein Rätsel gestellt, eine Turnübung durchgeführt oder etwas gesucht werden muss.

Schneemannwerfen

Gemeinsam wird ein großer Schneemann gebaut. Er bekommt einen Zylinder auf den Kopf. Nun müssen die Kinder versuchen, mit Schneebällen oder Tennisbällen dem Schneemann den Hut vom Kopf zu werfen.

Die Schlittenpartie

Die meisten Kindergärten haben auf ihrem Spielplatz oder zumindest in der Nähe des Kindergartens einen Hügel. Zum Winterfest sollen die Kinder ihre Schlitten von zu Hause mitbringen. Immer zwei Kinder oder ein Kind und ein Erwachsener nehmen dann auf einem Schlitten Platz und sausen den Hügel hinunter. Es kann aber auch auf Plastikeinkaufstüten den Berg hinuntergerutscht werden.

Schneemann fängt Schneefrau

Bei diesem Spiel für je einen Erwachsenen und zwei Kinder ist ein Kind der Schneemann, das andere die Schneefrau. Der Erwachsene breitet seine Arme aus und nimmt an jede Hand ein Kind. Nun dreht er sich um die eigene Achse. Dabei laufen die Kinder schnell im Kreis und der Schneemann versucht, die Schneefrau zu fangen. Im weichen Schnee zu laufen ist ganz anstrengend, aber ein Sturz ist ungefährlich und eher lustig.

Die Suche nach den Schneegespenstern

Material: mehrere weiße Betttücher, in die zwei kleine Gucklöcher geschnitten werden, eine Signalpfeife

Eine gerade Kinderanzahl wirft sich die Betttücher über und hockt sich in den Schnee. Auf ein Pfeifensignal hin erheben sie sich und versuchen, je ein anderes Schneegespenst zu fangen.

Schneegespenstertanz

Material: Tanzmusik, weiße Betttücher mit Gucklöchern

Die Kinder werfen sich das Betttuch über und hocken sich in den Schnee. Wird die Musik eingeschaltet, beginnen sie zu tanzen. Wird die Musik ausgestellt, bleiben sie wie eingefroren in der Tanzhaltung stehen. Spielt die Musik wieder, tanzen sie weiter.

Familienspiel

Im Laufe des Festes baut jede Familie eine Schneefigur. Dabei sind der Fantasie keine Grenzen gesetzt. Jede Figur erhält von den Künstlern einen Namen. Diese Schneegebilde hinterlassen noch lange ihre Spuren und erinnern an das frostige Winterfest.

Literatur

Bilderbücher

Paul Geraghty
Solo
Verlag St. Gabriel,
Mödling bei Wien 1995

Karin Serres, Hervé Le Goff
Wolfine, das Schaf
Verlag Friedrich Oetinger,
Hamburg 2000

Caroline Pitcher, Cliff Wright
Was suchst du, kleiner Bär?
Pattloch Verlag, München 2000

Irmgard Teltau, Jutta Langreuter
Komm in unser Iglu
ars edition, München 2001

Sachbilderbücher

Sophie Kniffke, Pascale de Bourgoing
Das Wetter
Bilbliografisches Institut,
Mannheim 1991

Salah Naoura, Paul Hess
Meyers kleine Tierwelt: Im Eis
Bibliografisches Institut,
Mannheim 1999

Kinder entdecken Naturereignisse
Time Life Kinderbibliothek

Sachbücher

Regine Bestle-Körfer,
Annemarie Stollenwerk
Winter zaubert alles weiß
Mit Kindern Jahreszeiten erleben
Christophorus Verlag, Freiburg 2001

Gabriele Roß, Robert Erker
Mein Mi- Ma- Mitmachbuch vom Winter
Geschichten und lustige Sachen zum Spielen
und Selbermachen
Pattloch Verlag, Augsburg 1999

Barbara Cratzius
Winter im Kindergarten
Verlag Herder, Freiburg, 13. Auflage 1999

Geschichtenbuch

Edwin Moser
Die Abenteuer von Manuel und Didi
Wintergeschichten
Beltz Verlag, Mannheim 1999

CD

Martin Göth, Rolf Krenzer
Winterzeit – Kinderzeit
Kaufmann Verlag, Lahr 2001

Alle Rechte vorbehalten – Printed in Germany
© Verlag Herder Freiburg im Breisgau 2001
www.herder.de
Illustrationen: Unen Enkh, Denzlingen
Layout: Zumstein Grafik-Design, Merzhausen
Notensatz: Nikolaus Veeser, Schallstadt
Redaktion: Martin Stiefenhofer
Herstellung: J. P. Himmer, Augsburg
ISBN 3-451-27118-4